PONS

JAPANISCH im Handumdrehen

Tien Tammada

W0265084

PONS GmbH
Stuttgart

Vorwort

Das Reisen in fremde, ferne Länder ist eine wunderbare, herrliche Sache. Auf einer Liste der schönsten Dinge für alle Menschen liegt das Reisen vermutlich weltweit auf einem der allerersten Plätze.

Aber vor jeder Reise in die Fremde liegt die Hürde einer neuen Fremdsprache. Vielen Menschen erscheint es als unüberwindbar sich auf das Lernen einer neuen Fremdsprache einzulassen. Dabei ist es nicht so schwer eine neue Sprache zu lernen und so neue Möglichkeiten zu erlangen.

Ganz egal, ob es dein Ziel ist, Urlaub im zauberhaften Japan zu verbringen, ob du gerne mit einem Menschen aus Japan flirten möchtest oder zum richtigen Zeitpunkt erkennst, dass ein anderer mit dir flirtet (wer weiß, vielleicht verpasst du in solch einem Augenblick gerade die Gelegenheit, deinen Traumprinzen oder deine Prinzessin fürs Leben zu finden), oder ob du einen kompletten Neustart in Japan planst, warte nicht damit den ersten Schritt auf diesem Weg zu gehen.

Lass dich nicht davon abhalten, deinem Herzenswunsch zu folgen. Wage dich und triff die Entscheidung, dich der japanischen Sprache zu stellen.

Jetzt und sofort!

Sobald du deine Herzensentscheidung getroffen hast Japanisch zu lernen, steht dir dieses Buch für den ersten Schritt zur Seite. Du brauchst nach diesem Entschluss nicht unbedingt sofort einen Sprachkurs zu belegen oder dich um die kompliziert wirkende Grammatik zu kümmern.

Jeder, der schon einmal eine Sprache erlernt hat und diese gut beherrscht, weiß, dass das Wichtigste, der allerschnellste und einfachste Weg, der Sprung ins kalte Wasser ist. Hast du erst einmal angefangen, läuft es wie von alleine.

Bereite dich nicht lange vor und springe, denn probieren geht über studieren.

Dieses Buch, mit seinen passenden Bildern, Illustrationen, Wortzusammenstellungen und wertvollen Sätzen hilft dir dabei. Bei den ersten Sprachhürden auf deiner Reise kannst du das passende Kapitel aufschlagen. Dort findest du die wichtigsten Sätze und Begriffe dazu.

Wenn es mit deiner Aussprache noch nicht hundertprozentig klappt, dann kannst du mit dem Zeigefinger auf das Bild oder den danebenstehenden Satz tippen und du wirst dich sofort verständlich machen können. So simpel und so schnell ist es, denn dieses Buch heißt:

Japanisch im Handumdrehen.

Inhalt

Vorwort 2

Alltagssätze, Alltagsschätze 6
Am Flughafen 14
Die Unterkunft 20
(Im Schlafzimmer, Im Badezimmer,
Im Wohnzimmer, In der Küche)
Ausflüge (In der Stadt und außerhalb) 32
Ausflüge mit dem Zug 34
Ausflüge mit dem Bus und mit der Straßenbahn 40
Auf eigene Faust unterwegs mit dem Auto,
Motorrad, Fahrrad und zu Fuß 43
Sehenswürdigkeiten 46

Essen 50
Trinken 68
Im Restaurant 76
Einkaufsmöglichkeiten 92
Die Farben 98
Die Zahlen 100

Zeit und Wetter 106
Der Körper und die Gesundheit 120
Notfälle 128
Was sagen uns die Schilder? 134
Gefühlsausbrüche 140
Komplimente und Romantisches 149
Land und Leute 156

Alltagssätze, Alltagsschätze

にちじょうかいわ
日常会話
nichijō kaiwa

Begrüßung

あいさつ
挨拶
aisatsu

おはようございます。

ohayō gozaimasu

Guten Morgen!

こんにちは。

konnichiwa

Guten Tag!

こんばんは。

konbanwa

Guten Abend!

げんき
お元気ですか。

ogenki desu ka

Wie geht es Ihnen?

げんき
元気です。

genki desu

Es geht mir gut, danke.

はい	いいえ
hai	iie
Ja.	Nein.

ありがとうございます。	どうもありがとうございます。	どういたしまして。
arigatō gozaimasu	dōmo arigatō gozaimasu	dōitashimashite
Danke.	Vielen Dank.	Gern geschehen.

わたし なまえ 私 の名前は…です。 watashino namae wa… desu	Ich heiße …
なまえ なん お名前は何ですか。 onamae wa nan desu ka	Wie heißen Sie?
はじめまして。 hajimemashite	Sehr erfreut.
わたし き 私はドイツから来ました watashi wa Doitsu kara kimashita	Ich komme aus Deutschland.
わたし にほんご はな 私は日本語を話せません。 watashi wa nihongo o hanasemasen	Ich kann kein Japanisch sprechen.
わたし すこ にほんご はな 私 は少し日本語を話せます。 watashi wa sukoshi nihongo o hanasemasu	Ich spreche ein bisschen Japanisch.
にほんご なん い 日本語で何と言いますか。 nihongo de nan to iimasu ka	Wie heißt das auf Japanisch?
いっかい い いただ もう 1 回 言って頂けますか。 mō ikkai itte itadakemasu ka	Könnten Sie das bitte wiederholen?
はな いただ もっとゆっくり話して頂けますか。 motto yukkuri hanashite itadakemasu ka	Könnten Sie bitte etwas langsamer sprechen?

すみません、…へは
どうやって行きますか。

sumimasen, ...ewa dōyatte ikimasuka

Entschuldigen Sie bitte, wie komme ich zum...?

どういう意味(いみ)ですか。 dōiu imi desu ka	Was bedeutet das?
それは何(なん)ですか。 sore wa nan desu ka	Was ist das?
何(なん)と言(い)いましたか。 nanto iimashita ka	Wie bitte?
すみません sumimasen	Entschuldigung.
大丈夫(だいじょうぶ)です。 daijōbu desu	Kein Problem.
ここはどこですか。 koko wa doko desu ka	Wo bin ich?
…へはどうやって行(い)きますか。 ...ewa dōyatte ikimasu ka	Wie komme ich zum...?
ここからどれくらいかかりますか。 kokokara dorekurai kakarimasu ka	Wie weit ist es von hier?

...さん ...san	Herr
...さん ...san	Frau (verheiratete Frau)
...ちゃん / ...くん ...chan / ...kun	Mädchen / Junge
...はどこですか。 ... wa doko desu ka	Wo ist...?
...をお願(ねが)いします。 ...wo onegaishimasu	Ich hätte gern...
いくらですか。 ikura desu ka	Wie viel kostet das?
私(わたし)はこれが好(す)きです。 watashi wa kore ga suki desu	Ich mag das.
私(わたし)はそれが嫌(きら)いです。 watashi wa sore ga kirai desu	Ich mag das nicht.
まあまあ māmā	So lala.
すごい！ sugōi	Super!

す ば 素晴らしい！ subarashii	Wunderbar!
さいこう 最高！ saikō	Hervorragend!
い 良い ii	gut
い とても良い totemo ii	sehr gut
わる 悪い warui	schlecht
ひどい hidoi	sehr schlecht
たくさん takusan	viel
すこ 少し sukoshi	wenig
すこ いくつか / 少し ikutsuka / sukoshi	ein bisschen
ま ちょっと待ってください。 chotto matte kudasai	Einen Moment, bitte.
ま 少々お待ちください shōshō omachi kudasai	Einen Augenblick, bitte.

また近(ちか)いうちにお会(あ)いしましょう！ mata chikaiuchini oai shimashō	Bis bald!
またあとで！ mata atode	Bis später!
また明日(あした)！ mata ashita	Bis morgen!
さようなら！ sayounara	Auf Wiedersehen!
誰(だれ)？ dare	Wer?
何(なに)？ nani	Was?
どこ？ doko	Wo?
いつ？ itsu	Wann?
なぜ？ naze	Warum?
どうやって? dōyatte	Wie?
いくら / いくつ？ ikura / ikutsu	Wie viel(e)?

いってきます!

ittekimasu

Auf Wiedersehen! / Tschüss!

いってらっしゃい！

itterasshai

Auf Wiedersehen! / Tschüss!

Am Flughafen

くうこう
空港で kūkō de

くうこう
空港

kūkō

der Flughafen

パスポートコントロールはどこですか。

pasupōto kontorōru wa doko desu ka

Wo ist die Passkontrolle?

ひ こう き
飛行機 hikōki

しない　　　　　い
すみません、市内へはどうやって行きますか。

sumimasen, shinai ewa dōyatte ikimasu ka

Entschuldigung, wie komme ich zum Stadtzentrum?

えき
駅はどこですか。

eki wa doko desu ka

Wo ist der Bahnhof?

すみません、

でぐち
出口はどこですか。

sumimasen, deguchi wa doko desu ka

Entschuldigung, wo ist der Ausgang?

das Flugzeug

てい
バス停はどこですか。

basutei wa doko desu ka

Wo ist die Bushaltestelle?

タクシーはどこでつかまりますか。

takushī wa dokode tsukamarimasu ka

Wo bekomme ich ein Taxi?

かんこうあんないじょ
観光案内所はどこですか。
kanko annaijo wa doko desu ka
Wo ist die Touristeninformation?

しない
市内までどれくらいかかりますか。
shinai made dorekurai kakarimasu ka
Wie weit ist es bis zum Stadtzentrum?

てごろ　おし
手頃なホテルを教えてもらえますか。
tegorona hoteru o oshiete moraemasu ka
Können Sie mir ein preiswertes Hotel empfehlen?

じゅうしょ　くるま　おく
この住所まで車で送ってください。
kono jūsho made kuruma de okutte kudasai
Fahren Sie mich bitte zu dieser Adresse.

バス
Basu

der Bus

じょうしゃりょうきん
乗車料金はいくらですか。
jōsha ryōkin wa ikura desu ka
Was kostet die Fahrt?

はら
クレジットカードで払えますか。
kurejittokādo de haraemasu ka
Kann ich mit Kreditkarte bezahlen?

お　ばしょ　おし
降りる場所を教えてください。
oriru basho o oshiete kudasai
Würden Sie mir bitte sagen, wann ich aussteigen muss?

どうもありがとうございました。
dōmo arigatō gozaimashita
Vielen Dank für Ihre/ deine Hilfe.

タクシー
takushī

das Taxi

でんしゃ
電車

densha

der Zug

ちかてつ
地下鉄

chikatetsu

die U-Bahn

ろめんでんしゃ
路面電車

romen densha

die Straßenbahn

しんかんせん
新幹線

shinkansen

der Hochgeschwindigkeitszug

ふね
船

fune

das Schiff

Die Unterkunft

しゅくはくしせつ
宿泊施設 shukuhaku shisetsu

くうしつ
空室はありますか。
kūshitsu wa arimasu ka

Haben Sie ein Zimmer frei?

へや　み
部屋を見せてもらえますか。
heya o misete moraemasu ka

Könnte ich mir das Zimmer ansehen?

いくらですか。
ikura desu ka

Wie viel kostet das?

ちょうしょく　ふく
朝食 は含まれていますか。
chōshoku wa fukumarete imasu ka

Ist das Frühstück inbegriffen?

なまえ　へや　よやく
...の名前で部屋を予約しました。
...no namae de heya o yoyaku shimashita

Ich habe ein Zimmer auf den Namen... gebucht.

これが私(わたし)のパスポートです。
kore ga watashi no pasupōto desu
Hier ist mein Reisepass.

インターネットはありますか。
intānetto wa arimasu ka
Gibt es hier WLAN?

金庫(きんこ)はありますか。
kinko wa arimasu ka
Gibt es einen Safe?

チェックアウトは何時(なんじ)ですか。
chekku-auto wa nanji desu ka
Wann muss ich auschecken?

受付(うけつけ)は常(つね)に開(あ)いていますか。
uketsuke wa tsuneni aiteimasu ka
Ist die Rezeption den ganzen Tag geöffnet?

...部屋（べや）をお願（ねが）いします。

.. beya o onegai shimasu

Ich hätte gern ein Zimmer für...

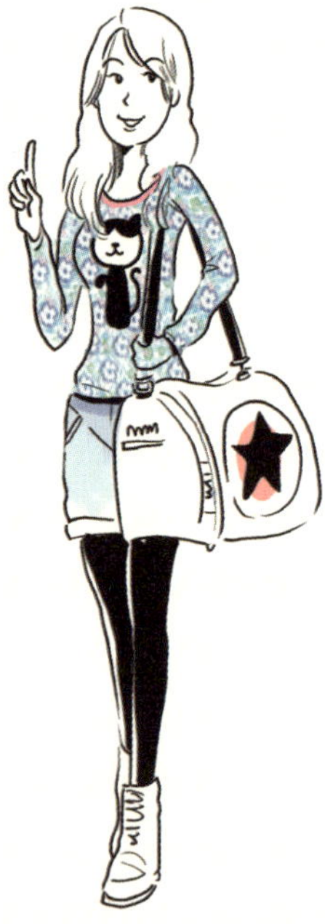

1人（ひとり）

hitori

eine Person.

2人（ふたり）

futari

zwei Personen.

かぞく
家族

kazoku

eine Familie.

てんじょう
天井
tenjō
die Decke
ほんだな
本棚
hondana
das Bücherregal
ランプ
ranpu
die Lampe
まど
窓
mado
das Fenster
でんき
電気のスイッチ
denki no suitchi
der Lichtschalter
めざ どけい
目覚まし時計
mezamashi dokei
der Wecker
まくら
makura
das Kopfkissen
いす
isu
der Stuhl
つくえ
机
tsukue
der Schreibtisch
でんげん
電源プラグ
dengen puragu
der Stecker
コンセント
konsento
die Steckdose

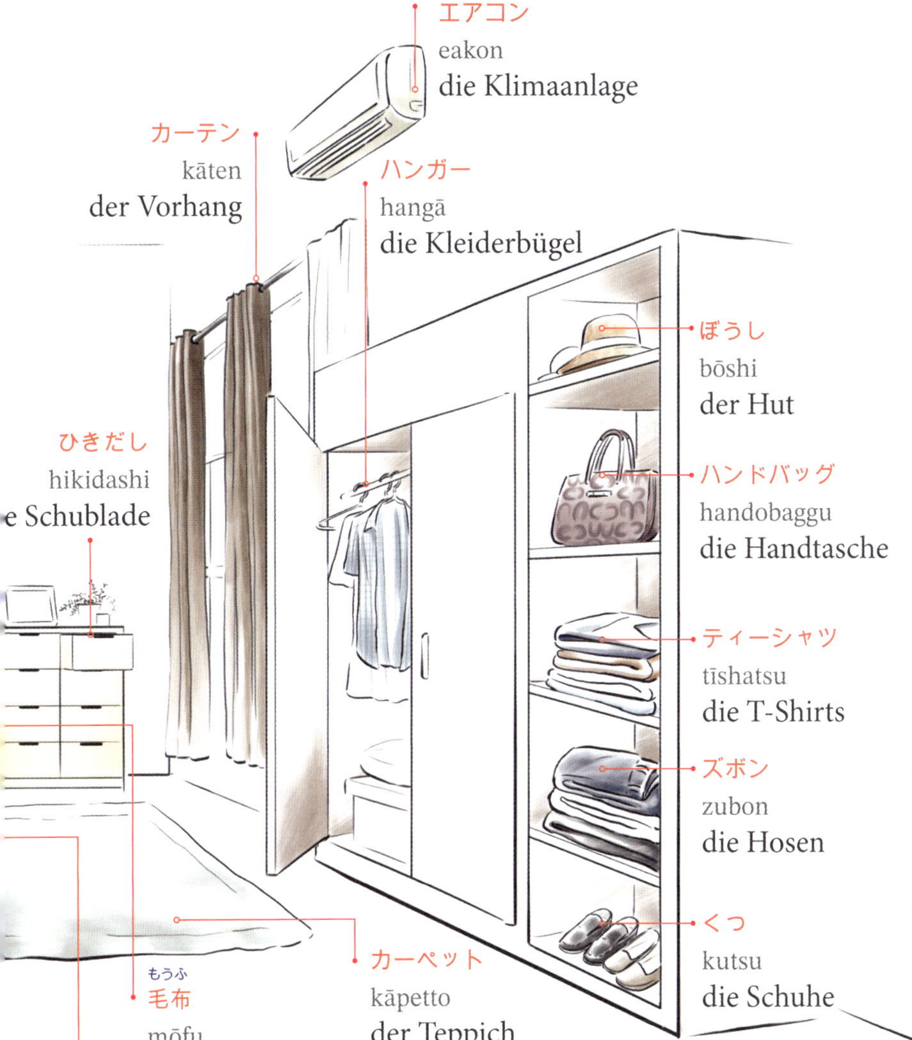

Im Schlafzimmer

しんしつ
寝室 shinshitsu

Im Badezimmer

よくしつ
浴室 yokushitsu

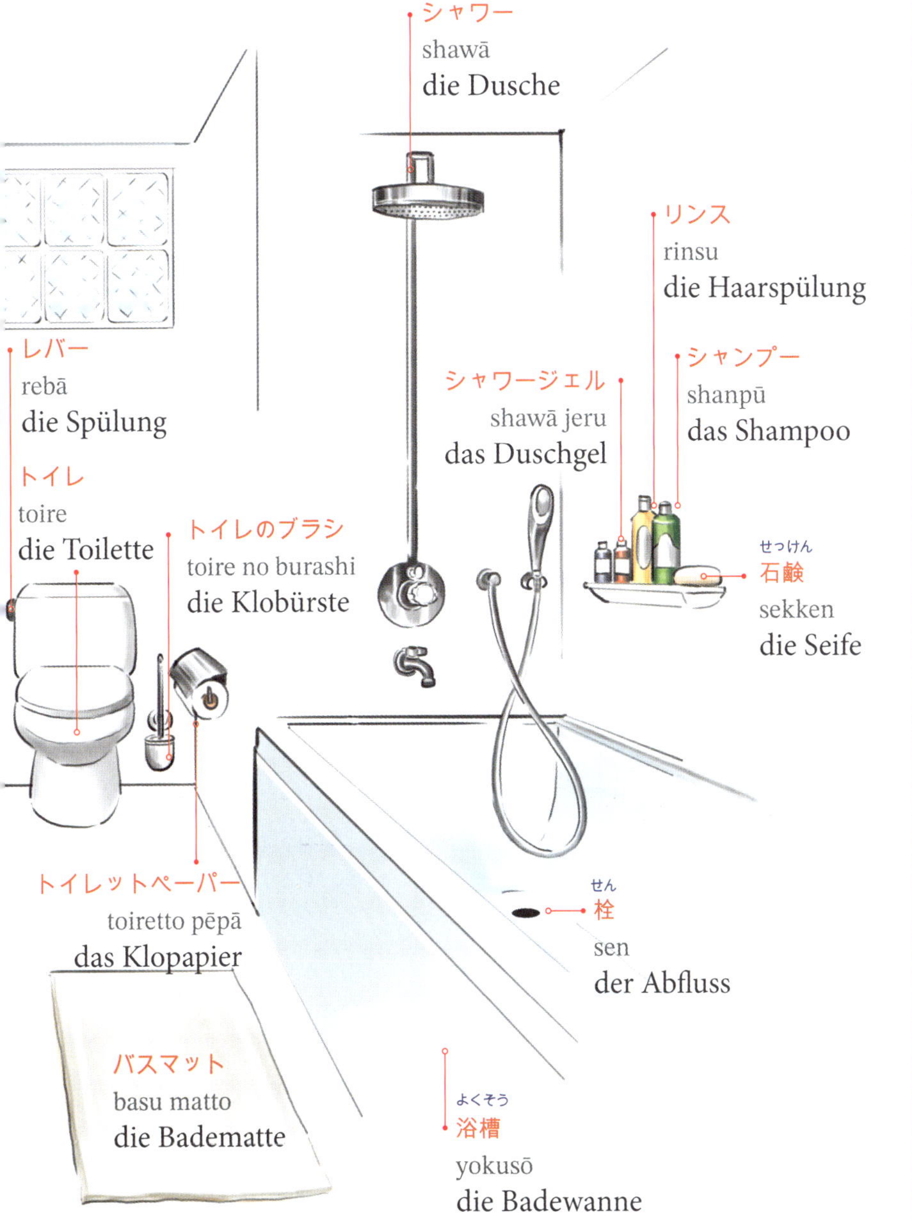

シャワー
shawā
die Dusche
リンス
rinsu
die Haarspülung
レバー
rebā
die Spülung
シャンプー
shanpū
das Shampoo
シャワージェル
shawā jeru
das Duschgel
トイレ
toire
die Toilette
トイレのブラシ
toire no burashi
die Klobürste
せっけん
石鹸
sekken
die Seife
トイレットペーパー
toiretto pēpā
das Klopapier
せん
栓
sen
der Abfluss
バスマット
basu matto
die Badematte
よくそう
浴槽
yokusō
die Badewanne

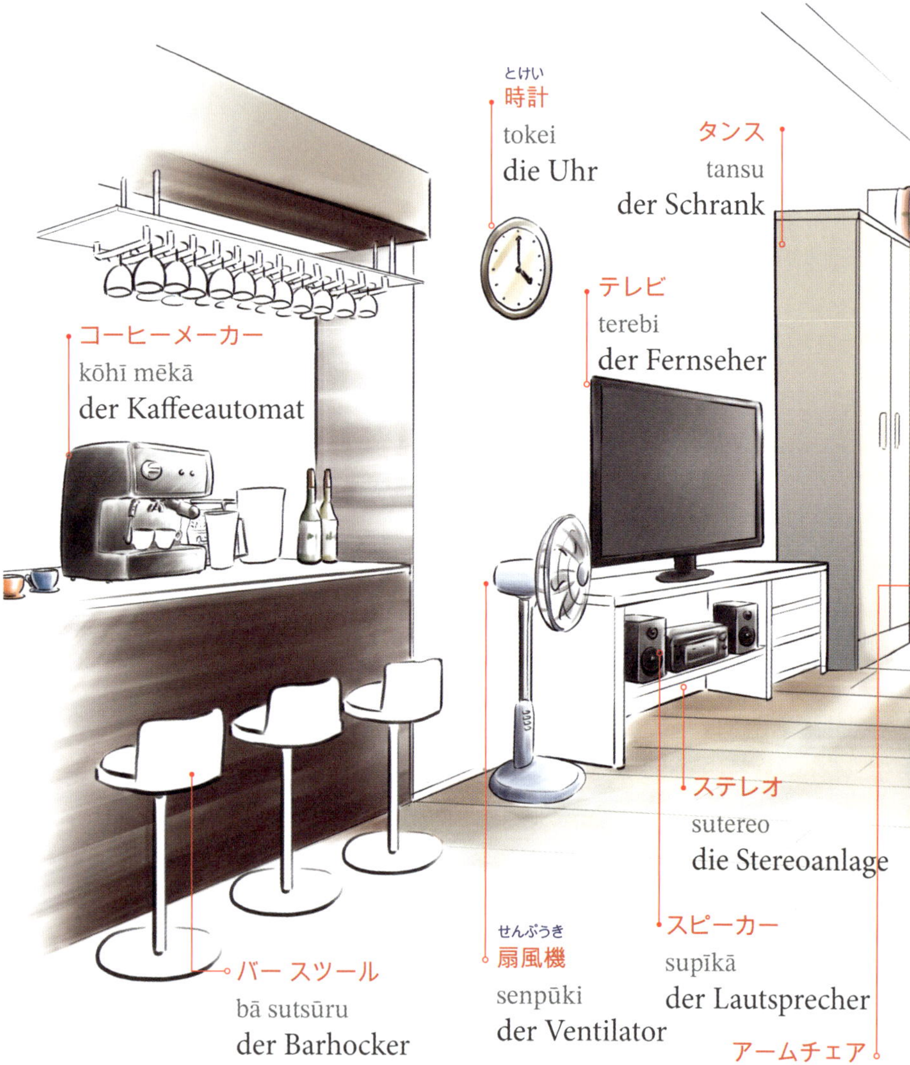

Im Wohnzimmer

いま
居間 ima

しょうめいきぐ
照明器具
shōmei kigu
die Lampe
ピアノ
piano
das Klavier
え
絵
e
das Bild
ほん
本
hon
die Bücher
バイオリン
baiorin
die Geige
テーブル
tēburu
der Tisch
かびん
花瓶
kabin
die Vase
はな
花
hana
die Blumen
リモコン
rimokon
die Fernbedienung
ソファー
sofā
das Sofa
でんわ
電話
denwa
das Telefon

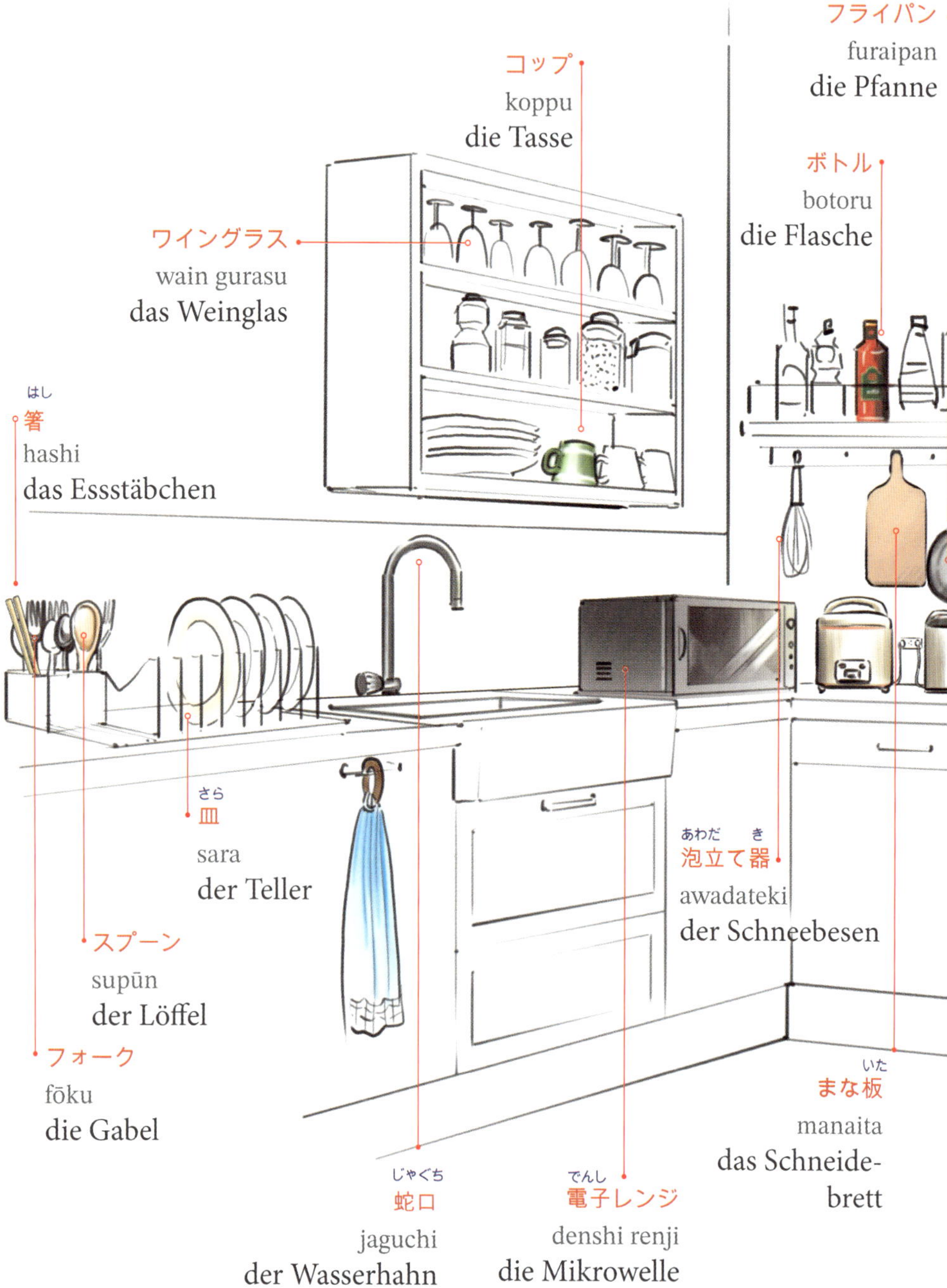
コップ
koppu
die Tasse
フライパン
furaipan
die Pfanne
ボトル
botoru
die Flasche
ワイングラス
wain gurasu
das Weinglas
はし
箸
hashi
das Essstäbchen
さら
皿
sara
der Teller
あわだ き
泡立て器
awadateki
der Schneebesen
スプーン
supūn
der Löffel
フォーク
fōku
die Gabel
いた
まな板
manaita
das Schneide-
brett
じゃぐち
蛇口
jaguchi
der Wasserhahn
でんし
電子レンジ
denshi renji
die Mikrowelle

In der Küche

だいどころ
台所 daidokoro

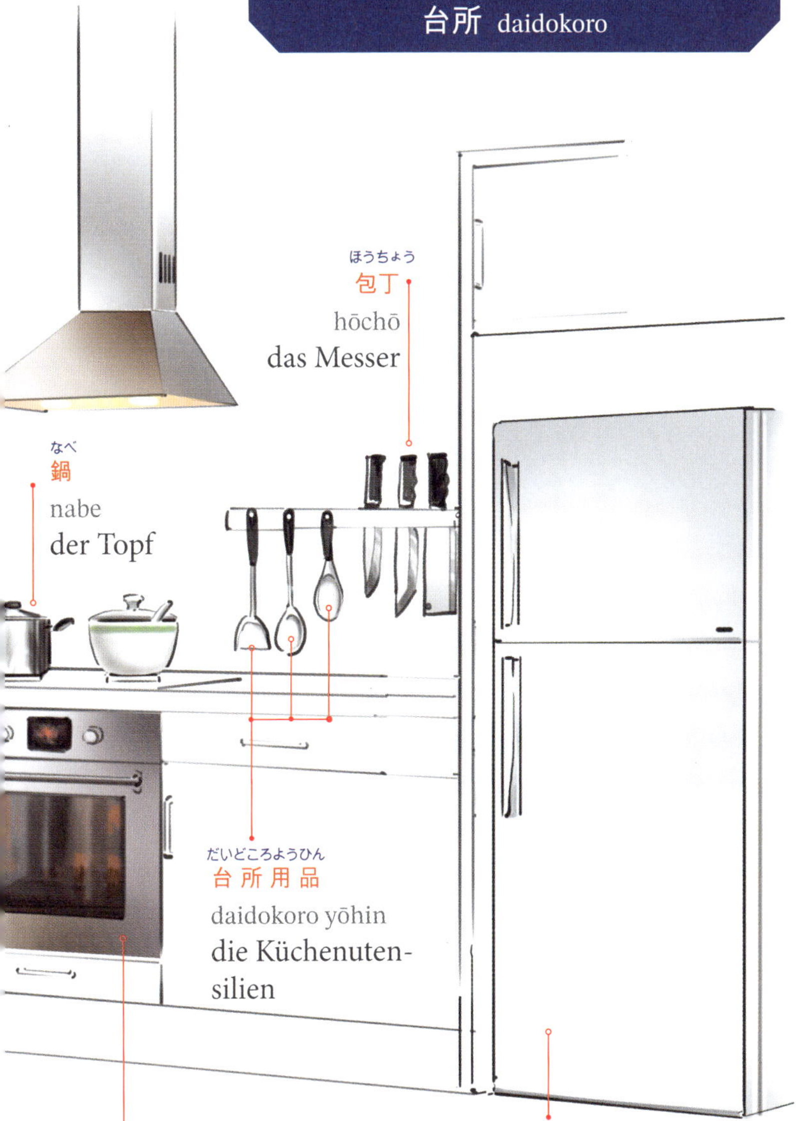

Ausflüge (in der Stadt und außerhalb)

りょこう　しない　しがい
旅行 (市内と市外)

ryokō (shinai to shigai

へん　かんこう
この辺に観光スポットはありますか。

kono hen ni kankō supotto wa arimasu ka

Gibt es irgendwelche Sehenswürdigkeiten in dieser Gegend?

伝統的な郷土料理はどこで味わえますか。

dentōtekina kyōdo ryōri wa doko de ajiwaemasu ka

Wo kann ich regionale Spezialitäten probieren?

Ausflüge mit dem Zug

電車(でんしゃ)での旅行(りょこう) densha deno ryokō

駅(えき)はどこですか。
eki wa doko desu ka

Wo ist der Bahnhof?

券売機(けんばいき)はどこですか。
kenbaiki wa doko desu ka

Wo ist der Fahrkartenautomat?

チケット売(う)り場(ば)はどこですか。
chiketto uriba wa doko desu ka

Wo ist der Fahrkartenschalter?

チケットはいくらですか。
chiketto wa ikura desu ka

Wie viel kostet die Fahrkarte?

指定席(していせき)のチケットを
１枚(まい)お願(ねが)いします。
shitei-seki no chiketto o
ichi-mai onegai shimasu

Eine Fahrkarte für einen Sitzplatz mit Reservierung, bitte.

自由席(じゆうせき)のチケットを
1枚(まい)お願(ねが)いします。
jiyū-seki no chiketto
o ichi-mai onegai shimasu

Eine Fahrkarte für einen Sitzplatz ohne Reservierung, bitte.

片道(かたみち)チケットを１枚(まい)ください。
katamichi chiketto o ichi-mai
kudasai

Bitte eine einfache Fahrkarte.

帰(かえ)りのチケットをお願(ねが)いします。 kaeri no chiketto o onegai shimasu	Bitte eine Rückfahrkarte.
席(せき)を予約(よやく)したいです。 seki o yoyaku shitai desu	Ich möchte einen Sitzplatz reservieren.
電車(でんしゃ)は何時(なんじ)に出発(しゅっぱつ)しますか。 densha wa nanji ni shuppatsu shimasu ka	Wann fährt der Zug ab?
何回(なんかい) 電車(でんしゃ)を乗(の)り換(か)える必要(ひつよう)がありますか。 nankai densha o norikaeru hitsuyō ga arimasu ka	Wie oft muss ich umsteigen?
次(つぎ)の駅(えき)はどこですか。 tsugi no eki wa doko desu ka	Wie heißt die nächste Haltestelle?
降(お)りる駅(えき)で教(おし)えてください。 oriru eki de oshiete kudasai	Würden Sie mir bitte sagen, wann ich aussteigen muss?

Am Bahnhof

でんしゃ　えき
電車の駅
densha no eki

えき
駅
eki
der Bahnhof

ちゅうおうえき
中央駅
chūō-eki
der Hauptbahnhof

きっぷ う ば
切符売り場
kippu uriba
der Fahrkartenschalter

チケット
chiketto
die Fahrkarte

じこくひょう
時刻表
jikokuhyō
der Fahrplan

とうちゃく
到着
tōchaku
die Ankunft

しゅっぱつ
出発
shuppatsu
die Abfahrt

でんしゃ
電車
densha
der Zug

プラットホーム
puratto hōmu
der Bahnsteig

しんだいしゃ
寝台車
shindaisha
der Schlafwagen

きゅうこうれっしゃ
急行列車
kyūkō ressha
der Schnellzug

していせき
指定席
shiteiseki
der reservierte Sitzplatz

じゆうせき
自由席
jiyūseki
der Sitzplatz ohne Reservierung

せき よやく
席の予約
seki no yoyaku
die Sitzplatzreservierung

かたみち
片道
katamichi
einfach

おうふく
往復
ōfuku
hin und zurück

ついかりょうきん
追加料金
tsuika ryōkin
der Zuschlag

じょうしゃ
乗車
jōsha
einsteigen

げしゃ
下車
gesha
aussteigen

でんしゃ の か
電車を乗り換える
densha o norikaeru
umsteigen

なんじ　でんしゃ　　　　　　ちかてつ
何時に電車 / バス / 地下鉄 /
ろめんでんしゃ　しゅっぱつ
路面電車 は 出 発 しますか。

nanjini densha/basu/chikatetsu/
romen densha wa shuppatsu shimasu ka

Um wie viel Uhr fährt der Zug /der Bus /die U-Bahn/
die Straßenbahn ab?

か
すみません、チケットを買うのを

てつだ
手伝ってもらえますか。

sumimasen, chiketto wo kauno o tetsudatte

moraemasu ka

Entschuldigen Sie bitte, könnten Sie mir helfen,
ein Ticket an dem Automaten zu kaufen?

い
…へ行きたいです。

...e ikitai desu

Ich möchte nach... fahren.

Ausflüge mit dem Bus und mit der Straßenbahn

ろめんでんしゃ　りょこう
バスや路面電車での旅行 basu ya romen densha deno ryokō

バス basu	der Autobus, der Bus
てい バス停 basutei	die Bushaltestelle
ろめんでんしゃ 路面電車 romen densha	die Straßenbahn

ろ めん でん しゃ　ていりゅうじょ
路面電車の停留所はどこですか。
romen densha no teiryūjo wa doko desu ka
Wo ist die Straßenbahnhaltestelle?

ろめんでんしゃ　ていりゅうじょ 路面電車の停留所 romen densha no teiryūjo	die Straßenbahnhaltestelle
チケット chiketto	die Fahrkarte
えきかかりいん 駅係員 eki kakariin	der Kontrolleur
ばっきん 罰金 bakkin	die Geldstrafe

...はどこですか。

...wa doko desu ka

Wo ist ...?

バス停(てい)はどこですか。

basutei wa doko desu ka

Wo ist die Bushaltestelle?

しんごうき
信号機
shingōki
die Ampel

オートバイ
ōtobai
das Motorrad

じてんしゃ
自転車
jitensha
das Fahrrad

くるま
車
kuruma
das Auto

Auf eigene Faust unterwegs mit dem Auto, Motorrad, Fahrrad und zu Fuß

車(くるま)、オートバイ、自転車(じてんしゃ)、徒歩(とほ)での移動(いどう)

kuruma, ōtobai, jitensha, toho deno idō

通り(とおり) tōri	die Straße
交差点(こうさてん) kōsaten	die Kreuzung
まっすぐ行(い)く massugu iku	geradeaus gehen/fahren
右(みぎ)に曲(ま)がる migi ni magaru	rechts abbiegen
左(ひだり)に曲(ま)がる hidari ni magaru	links abbiegen
ガソリンスタンドはどこですか。 gasorin sutando wa doko desu ka	Wo ist eine Tankstelle?
ここ koko	hier
あそこ asoko	dort
近(ちか)い chikai	nah
遠(とお)い tōi	weit
保険(ほけん) hoken	die Versicherung
どのガソリンを入れるべきですか。 dono gasorin o irerubeki desu ka	Welches Benzin soll ich tanken?

Kunst und Freizeitaktivitäten

げいじゅつ　きゅうじつ　す　かた
芸術 / 休日の過ごし方 geijutsu / kyūjitsu no sugoshikata

げきじょう
劇場
gekijō
das Theater

オペラハウス
opera hausu
das Opernhaus

えいがかん
映画館
eigakan
das Kino

アートギャラリー
āto gyararī
die Kunstgalerie

びじゅつかん　はくぶつかん
美術館 / 博物館
bijutsukan / hakubutsukan
das Museum

おくない
屋内プール
okunai pūru
das Hallenbad

おくがい
屋外 プール
okugai pūru
das Freibad

サウナ
sauna
die Sauna

こうえん
公園
kōen
der Stadtpark

ジム
jimu
das Fitnessstudio

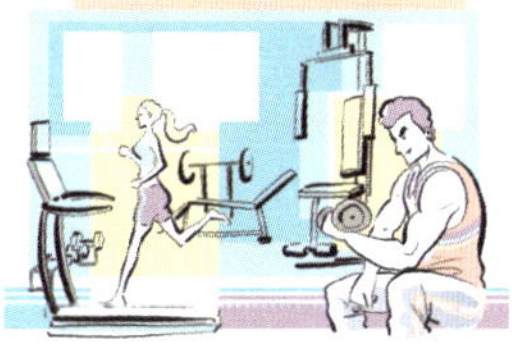

Sehenswürdigkeiten

かんこうめいしょ
観光名所 kankō meisho

とうきょう　とうきょう
東京タワー（東京）
Tokyo tawā (Tokyo)

ふじさん　しずおか　やまなし
富士山（静岡 / 山梨）
Fujisan (Shizuoka/ Yamanashi)

こうとくいん　だいぶつ
高徳院の大仏
Kōtoku-in no daibutsu
(Kanagawa)

ひめじじょう
姫路城
Himeji-jo (Hyogo)

ひろしまへいわ　きねんひ　（ひろしま）
広島平和記念碑　（広島）
Hiroshima heiwa kinenhi
(Hiroshima)

きよみずでら　（きょうと）
清水寺　（京都）
Kiyomizu-dera (Kyoto)

ちゅうぶさんがくこくりつこうえん
中部山岳国立公園
Chubu Sangaku kokuritsu koen
(Nagano, Gifu, Toyama, Niigata)
(Chubu Sangaku National Park)

きんかくじ　（きょうと）
金閣寺　（京都）
Kinkaku-ji (Kyoto)

Sehenswürdigkeiten

かんこうめいしょ
観光名所 Kankō meisho

いつくしま　（ひろしま）
厳島　（広島）
Itsukushima (Hiroshima)

こうきょ　（とうきょう）
皇居　（東京）
Kōkyo (Tokyo)

おおさかじょう（おおさか）
大阪城（大阪）
Osaka-jō (Osaka)

とうだいじ（なら）
東大寺（奈良）
Todai-ji (Nara)

しらかわごう　ぎふ
白川郷　（岐阜）
Shirakawago (Gifu)

ふらの　（ほっかいどう）
富良野　（北海道）
Furano (Hokkaido)

Essen
- In der Bäckerei 52
- In der Metzgerei 54
- Im Fischgeschäft 56
- Im Gemüseladen 58
- Im Obstgeschäft 64

Trinken 68
- In der Bar 70
- Im Café 72
- Im Teeladen 74

Im Restaurant 76
Der gedeckte Tisch 78
Die Gewürze 80
Das Frühstück 84
Die Vorspeise 86
Das Hauptgericht 86
Die Süßspeisen 89
Die Käsesorten 90

Einkaufsmöglichkeiten 92

Die Farben 98

Die Zahlen 100

Bäckerei

や
パン屋 panya

あんぱん
anpan

Anpan (japanisches Weißbrot mit Paste aus Adzukibohnen gefüllt)

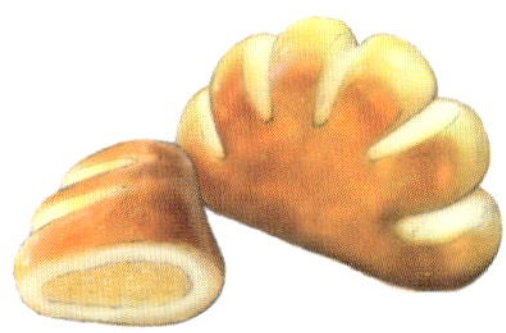

クリームパン
kurīmu pan

das japanische Sahnebrot

カレーパン
karē pan

das Currybrot

メロンパン
meron pan

das Melonenbrötchen

パン

pan

das Brot

焼(や)きそばパン

yakisoba pan

das Brötchen gefüllt
mit gebratenen Nudeln

明太子(めんたいこ)パン

mentaiko pan

das Brötchen mit Pollackrogen

ラム
ramu
das Lammfleisch

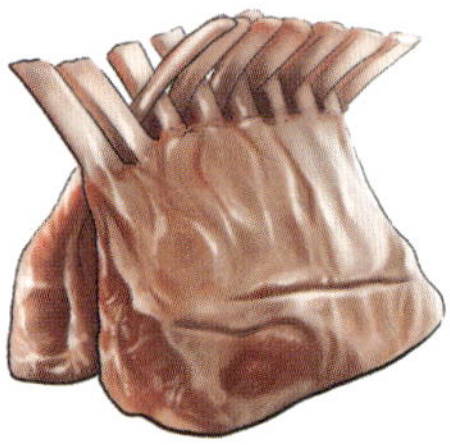

In der Metzgerei

肉屋（にくや） nikuya

牛肉（ぎゅうにく）
gyū niku
das Rindfleisch

いのしし
inoshishi
das Wildschwein

かも
kamo
die Ente

ぶたにく
豚肉
buta niku
das Schweine-
fleisch

とりにく
鶏肉
tori niku
das Hühnerfleisch

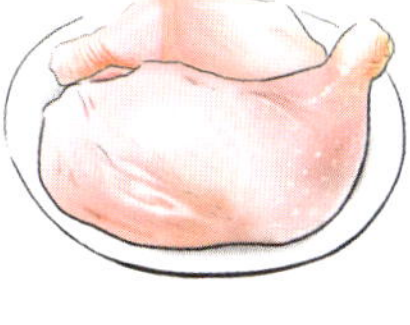

Im Fischgeschäft

さかなや
魚屋 sakanaya

ぶり
鰤
buri
der japanische Gelbschwanz

うなぎ
鰻
unagi
der Aal

エビ
ebi
die Garnele

カニ
kani
die Krabbe

タラ
tara
der Kabeljau

マグロ
maguro
der Thunfisch

イカ
ika
der Tintenfisch

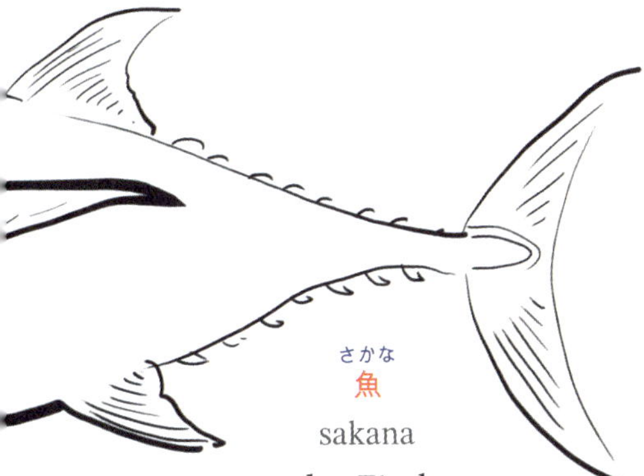

さかな
魚
sakana
der Fisch

さば
鯖
saba
die Makrele

しゃけ
鮭
shake
der Lachs

かつお
鰹
katsuo
der Bonito

カキ
kaki
die Auster

1
2
3
4
5
6
7
8
9

Im Gemüseladen

やおや
八百屋 yaoya

1. ナス nasu
die Aubergine

2. きゅうり kyūri
die Gurke

3. ブロッコリー burokkorī
der Brokkoli

4. かぶ kabu
die Rübe

はくさい
5. 白菜 hakusai
der Chinakohl

6. グリーンピース gurinpīsu
die Erbsen

7. カリフラワー karifurawā
der Blumenkohl

8. にんじん ninjin
die Möhre

しそ
9. 紫蘇 shiso
das japanische Basilikum

1. ショウガ shōga
der Ingwer

2. レタス retasu
der Kopfsalat

3. かぼちゃ kabocha
der Kürbis

4. アーモンド āmondo
die Mandel

5. ピーナッツ pīnattsu
die Erdnuss

6. ごぼう gobō
die Klettenwurzel

7. ニンニク ninniku
der Knoblauch

8. キノコ kinoko
der Pilz

9. じゃがいも jagaimo
die Kartoffel

10. トウモロコシ tōmorokoshi
der Mais

11. クルミ kurumi
die Walnuss

2
1
3
4
5
7
6
8
10
9
11

1
2
3
4
5
6
7
8
9
10

1. 大根(だいこん) daikon

der japanische Rettich

2. ピーマン pīman

die Paprika

3. 玉(たま)ねぎ tamanegi

die Zwiebel

4. キャベツ kyabetsu

der Weißkohl

5. みょうが myōga

der japanische Ingwer

6. さつまいも satsumaimo

die Süßkartoffel

7. トマト tomato

die Tomate

8. わさび wasabi

das Wasabi

9. セロリ serori

der Sellerie

10. ほうれん草(そう) hōrensō

der Spinat

りんご
ringo
der Apfel

あお
青りんご
ao ringo
der grüne Apfel

なし
梨
nashi
die Birne

さくらんぼ
sakuranbo
die Kirsche

プラム
puramu
die Pflaume

オリーブ
orību
die Olive

ココナッツ
kokonattsu
die Kokosnuss

イチゴ
ichigo
die Erdbeere

パイナップル
painappuru
die Ananas

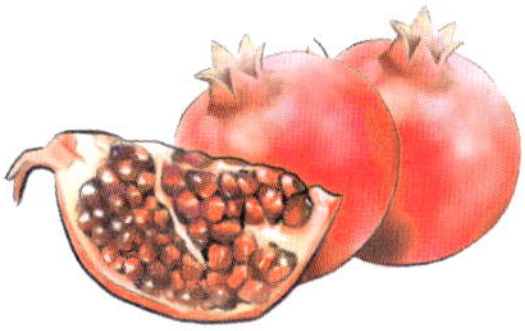

ザクロ
zakuro
der Granatapfel

びわ
biwa
die japanische Mispel

ラズベリー
razuberī
die Himbeere

Im Obstladen

くだものや
果物屋 kudamonoya

かき
柿
kaki
die Kakipflaume

ブルーベリー
burūberī
die Blaubeere

ゆず
柚子
yuzu
die japanische Zitrone

カボス
kabosu
die japanische Zitrone

レモン
remon
die Zitrone

アボカド
abokado
die Avocado

もも
桃
momo
der Pfirsich

パパイヤ
papaiya
die Papaya

バナナ
banana
die Banane

マンゴー
mangō
die Mango

オレンジ
orenji
die Orange

みかん
mikan
die Mandarine

スイカ
suika
die Wassermelone

ぶどう
budō
die Weintraube

メロン
meron
die Melone

キウイ
kiui
die Kiwi

Getränke

のもの
飲み物 nomimono

たんさんすい
炭酸水
tansansui
das (Mineral)wasser mit Kohlensäure

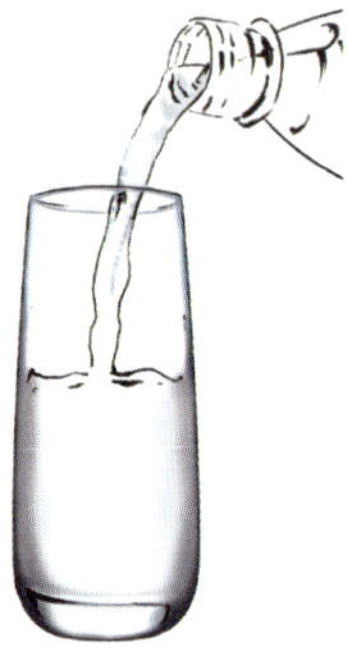

みず
水
mizu
das stille Wasser

ミネラルウォーター
mineraru wōtā
das Mineralwasser

とうにゅう
豆乳
tōnyū
die Sojamilch

あまざけ
甘酒
amazake
der süße Sake

あおじる
青汁
aojiru
der grüne Saft

にんじんジュース
ninjin jūsu
der Karottensaft

パイナップルジュース
painappuru jūsu
der Ananassaft

リンゴジュース
ringo jūsu
der Apfelsaft

トマトジュース
tomato jūsu
der Tomatensaft

オレンジジュース
orenji jūsu
der Orangensaft

グレープジュース
gurēpu jūsu
der Traubensaft

In der Bar

バー bā

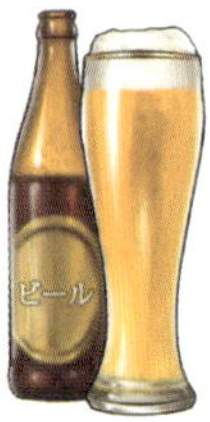

ビール
bīru
das Bier

にほんしゅ
日本酒
nihonshu
der japanische Reiswein

ウィスキー
wisukī
der Whiskey

しょうちゅう
焼酎
shōchū
der japanische Schnaps

あか
赤ワイン
aka wain
der Rotwein

しろ
白ワイン
shiro wain
der Weißwein

ロゼワイン
roze wain
der Rosé

ゆずしゅ
柚子酒
yuzushu
der Yuzuwein

うめしゅ
梅酒
umeshu
der Plaumenwein

あわもり
泡盛
awamori
der Okinawa Schnaps

はっぽうしゅ
発泡酒
happōshu
das leichte Malzbier

人生(じんせい)は

まずいワインを

飲(の)むほど

長(なが)くない。

jinsei wa mazui wain o nomuhodo nagaku nai

Das Leben ist viel zu kurz,
um schlechten Wein zu trinken.

Johann Wolfgang von Goethe

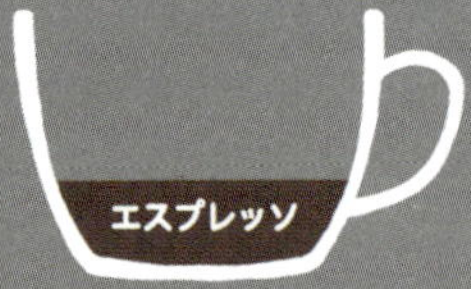

エスプレッソ
esupuresso
der Espresso

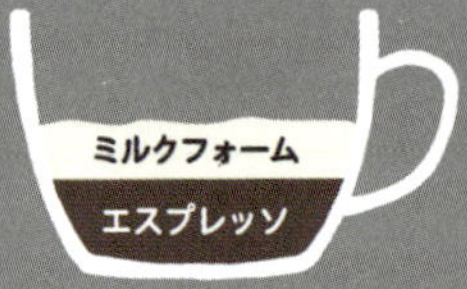

エスプレッソマキアート
esupuresso makiāto
der Espresso Macchiato

アメリカーノ
amerikano
der Caffè Americano

アフォガート
afogāto
der Affogato

Im Café

カフェ kafe

エスプレッソ esupuresso
Kaffee mit sehr kräftigem Geschmack
エスプレッソマキアート esupuresso makiāto
doppelter Espresso mit etwas Milchschaum
アメリカーノ amerikano
Espresso mit Wasser verdünnt
アフォガート afogāto
Espresso mit Vanilleeis

カフェラテ
kafe rate
der Milchkaffee

カプチーノ
kapuchīno
der Cappuccino

モカ
moka
der Mokka

ホットチョコレート
hotto chokorēto
die heiße Schokolade

ホットミルク
hotto miruku
die heiße Milch

カフェラテ kafe rate

Milchkaffee

カプチーノ kapuchīno

Espresso mit etwas heißer Milch und Milchschaum

モカ moka

Espresso mit Schokoladensirup und etwas Milchschaum

ホットチョコレート hotto chokorēto

heiße Schokolade

ホットミルク hotto miruku

heiße Milch

1

2

3

4

5

6

Tee

ちゃ
お茶 ocha

7

8

9

10

11

12

まっちゃ
1. 抹茶 matcha
der Matcha

りょくちゃ
2. 緑茶 ryokucha
der grüne Tee

こんぶちゃ
3. 昆布茶 konbucha
der Seetang-Tee

さくらちゃ
4. 桜茶 sakuracha
der Sakura-Tee

まっちゃ
5. 抹茶ラテ matcha rate
der Matcha mit Milch

げんまいちゃ
6. 玄米茶 genmaicha
der braune Reistee

ふくちゃ
7. 福茶 fukucha
der Fuku-Tee

そ ば ちゃ
8. 蕎麦茶 sobacha
der Buchweizen-Tee

ちゃ
9. ウーロン茶 ūroncha
der Oolong-Tee

ちゃ
10. ほうじ茶 hōjicha
der geröstete grüne Tee

こうちゃ
11. 紅茶 kōcha
der schwarze Tee

むぎちゃ
12. 麦茶 mugicha
der Gerstentee

すみません、注文(ちゅうもん)をお願(ねが)いします。

sumimasen, chūmon o onegai shimasu

Entschuldigung!
Ich würde gerne bestellen.

この地域(ちいき)の名物料理(めいぶつりょうり)は何(なん)ですか。

kono chiiki no meibutsu ryori wa nan desuka

Was sind die Spezialitäten dieser Gegend?

Im Restaurant

レストラン resutoran

レストラン	resutoran	das Restaurant
メニュー	menyū	die Speisekarte
前菜（ぜんさい）	zensai	die Vorspeise
メインコース	mein kōsu	das Hauptgericht
デザート	dezāto	der Nachtisch

２人用（ふたりよう）のテーブルはありますか。 futari-yō no tēburu wa arimasu ka	Haben Sie einen Tisch für zwei Personen?
今日（きょう）のスペシャルは何（なん）ですか。 kyō no supesharu wa nan desu ka	Gibt es ein Tagesmenü?
おすすめは何（なん）ですか。 osusume wa nan desu ka	Was können Sie mir empfehlen?
…をお願（ねが）いします。 ...o onegai shimasu	Ich hätte gerne ...

コショウ
koshō
der Pfeffer

しお
塩
shio
das Salz

Die Gewürze

ちょうみりょう
調味料 chōmiryō

みりん
mirin
der süße Sake

わさび
wasabi
die Wasabipaste

こ
カレー粉
karē-ko
das Currypulver

しちみとうがらし
七味唐辛子
shichimi tōgarashi
das Chilipulver

ケチャップ
ketchappu
der Tomatenketchup

マヨネーズ
mayonēzu
die Mayonnaise

さとう
砂糖
satō
der Zucker

しょうゆ
醤油
shōyu
die Sojasauce

みそ
味噌
miso
die Sojabohnenpaste

す
酢
su
der Essig

さんしょう
山椒
sanshō
der japanische Pfeffer

食事 (しょくじ)	shokuji	die Mahlzeit
朝食 (ちょうしょく)	chō shoku	das Frühstück
昼食 (ちゅうしょく)	chū shoku	das Mittagessen
夕食 (ゆうしょく)	yū shoku	das Abendessen

どうぞお召(め)し上(あ)がりください。

dōzo omeshiagari kudasai

Guten Appetit!

お<ruby>勘定<rt>かんじょう</rt></ruby>をお<ruby>願<rt>ねが</rt></ruby>いします。

okanjō o onegai shimasu

Die Rechnung, bitte.

とてもおいしかったです！ — Das Essen war sehr gut!

totemo oishikatta desu

おいしい! — Köstlich!

oishii

おつりは<ruby>結構<rt>けっこう</rt></ruby>です。 — Stimmt so.

otsuri wa kekko desu

チップ — das Trinkgeld

chippu

イチゴジャム
ichigo jamu
die Erdbeermarmelade

はちみつ
hachimitsu
der Honig

ヨーグルト
yōguruto
der Joghurt

トースト
tōsuto
der Toast

フレンチトースト
furenchi tōsuto
das Toastbrot

バター
batā
die Butter

ゆで卵（たまご）
yudetamago
das gekochte Ei

ホットケーキ
hotto kēki
der Pfannkuchen

スクランブルエッグ
sukuranburu eggu
das Rührei

洋風（ようふう）の朝食（ちょうしょく）
yōfū no chōshoku
das internationale Frühstück

Das Frühstück

ちょうしょく
朝食 chōshoku

たまごや
卵焼き
tamagoyaki
das gerollte Omelette

ちゃ
お茶
ocha
der Tee

や　ざかな
焼き魚
yakizakana
der gegrillte Fisch

ごはん
gohan
der gedämpfte Reis

みそしる
味噌汁
misoshiru
die Miso-Suppe

ふくさい
副菜
fukusai
die Beilagen

でんとうてき　にほん　ちょうしょく
伝統的な日本の朝食
dentōtekina nihon no chōshoku
das traditionelle Frühstück

Typische japanische Gerichte

てんけいてき　わしょく
典型的な和食 tenkeitekina washoku

おさしみ
osashimi
Vorspeise aus rohem Fisch

てん
天ぷら
tenpura
im Teigmantel frittierter Fisch, frittiertes Gemüse, etc.

や
すき焼き
sukiyaki
Nudeleintopf mit Rindfleisch, Tofu und Gemüse

ラーメン
rāmen
Nudelsuppe mit verschiedenen Beilagen

そば
蕎麦
soba
Buchweizennudeln

じゅう
うな重
unajū
gegrillter Aal mit Reis

おにぎり
onigiri
gewürzte Reisklöße

この　や
お好み焼き
okonomiyaki
gebratenes Teiggericht
mit verschiedenen Beilagen

や　とり
焼き鳥
yakitori
gegrilltes Hühnchen

すし
寿司
sushi
Sushi

や
たこ焼き
takoyaki
Oktopus in Teigbällchen

とんかつ
tonkatsu
paniertes Schweineschnitzel

とり　あ
鶏のから揚げ
tori no karaage
frittiertes Hünchenfleisch

ぎゅうどん
牛丼
gyudon
Rindfleisch mit Reis

しゃぶしゃぶ

shabu shabu

Brühfondue mit allerlei Zutaten

かいせき
懐石
kaiseki
leichte Mahlzeit, die zur
Teezeremonie gereicht wird

Süßspeisen

お菓子(かし) okashi

1. どら焼(や)き dorayaki
2. まんじゅう manjū
3. 花(はな)びら餅(もち) hana bira mochi
4. あんみつ anmitsu
5. 白玉(しらたま) shiratama
6. コーヒーゼリー kōhī zerī
7. クレープ kurēpu
8. 大福(だいふく) daifuku
9. おだんご odango
10. 干菓子(ひがし) higashi
11. 今川焼(いまがわや)き imagawayaki
12. 茶菓子(ちゃがし) chagashi
13. おしるこ oshiruko
14. 羊羹(ようかん) yōkan

1
2
3
4
5
6
7
8
9
10
11
12
13
14

Einkaufsmöglichkeiten

買(か)い物(もの)をする場所(ばしょ) kaimono o suru basho

三越(みつこし)	Mitsukoshi®
高島屋(たかしまや)	Takashimaya®
そごう	Sogo®
伊勢丹(いせたん)	Isetan®
松坂屋(まつざかや)	Matsuzakaya®
大丸(だいまる)	Daimaru®
東急(とうきゅう)	Tokyu®
阪急(はんきゅう)	Hankyu®
西武(せいぶ)	Seibu®
ローソン	Roson®
イオン	Aeon®
西友(せいゆう)	Seiyu®
セブンイレブン	Seven Eleven®
ファミリーマート	Family Mart®
イトーヨーカドー	Ito Yokado®

ショッピングセンター

shoppingu sentā

das Einkaufszentrum

みせ
店

mise

das Geschäft

スーパーマーケット

sūpā māketto

der Supermarkt

デパート

depāto

das Kaufhaus

Alles, was das Herz begehrt

心が望むすべて kokoro ga nozomu subete

化粧品店
keshōhinten
die Parfümerie

美容院
biyōin
der Friseursalon

宝石店
hōsekiten
das Juweliergeschäft

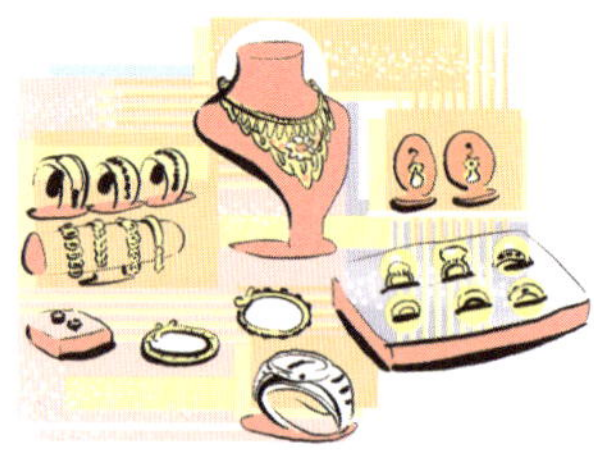

花屋
hanaya
der Blumenladen

ブティック
butikku
die Modeboutique

くつや
靴屋
kutsuya
das Schuhgeschäft

みやげものや
土産物屋
miyagemonoya
der Souvenirladen

こっとうひんてん
骨董品店
kottōhinten
das Antiquitätengeschäft

…をお願(ねが)いします。 ... o onegai shimasu	Ich möchte...
1枚(まい)の シャツ ichi mai no shatsu	ein Hemd.
1本(ぼん)の ズボン ippon no zubon	eine Hose.
1足(そく)の 靴(くつ) issoku no kutsu	ein Paar Schuhe.
1組(くみ)の 靴下(くつした) hitokumi no kutsushita	ein Paar Strümpfe.
2枚(まい)のブラウス ni mai no burausu	zwei Blusen.
3枚(まい)のジャケット san mai no jaketto	drei Jacken.
4枚(まい)のスカート yon mai no sukāto	vier Röcke.
5枚(まい)のコート go mai no kōto	fünf Mäntel.

それはいくらですか。 sore wa ikura desu ka	Wie viel kostet das?
それは…円(えん)です。 sore wa... yen desu	Das kostet...Yen.
それはとても高(たか)いです。 sore wa totemo takai desu	Das ist sehr teuer.
割(わ)り引(び)きできますか。 waribiki dekimasu ka	Können Sie mir das günstiger verkaufen?
それはとても安(やす)いです。 sore wa totemo yasui desu	Das ist sehr billig.
もう結構(けっこう)です、ありがとうございます。 mō kekko desu, arigatō gozaimasu	Danke, das ist genug.
値段(ねだん)が手頃(てごろ)です。 nedan ga tegoro desu	Der Preis ist angemessen.
短(みじか)すぎます / 長(なが)すぎます。 mijika sugimasu / naga sugimasu	Das ist zu kurz / zu lang.
ゆるすぎます / きつすぎます。 yuru sugimasu / kitsu sugimasu	Das ist zu weit / zu eng.

しちゃく
試着してもいいですか。
shichaku shitemo ii desu ka

Kann ich das anprobieren?

しちゃくしつ
試着室はどこですか。
shichakushitsu wa doko desu ka

Wo ist die Umkleidekabine?

セール

sēru

Sonderangebot

わりびきかかく
割引価格

waribiki kakaku

ermäßigter Preis

プロモーション

puromōshon

Werbeaktion

ディスカウント

disukaunto

Rabatt

Die Farben

いろ
色 iro

しろ
白
shiro
weiß

くろ
黒
kuro
schwarz

いろ
オレンジ色
orenji iro
orange

ちゃいろ
茶色
cha iro
braun

はいいろ
灰色
hai iro
grau

みずいろ
水色
mizu iro
hellblau

明(あか)るい色(いろ)
akarui iro
hell

暗(くら)い色(いろ)
kurai iro
dunkel

赤(あか)
aka
rot

ピンク色(いろ)
pinku iro
rosa

黄色(きいろ)
ki iro
gelb

緑色(みどりいろ)
midori iro
grün

青(あお)
ao
blau

紫色(むらさきいろ)
murasaki iro
lila

Die Zahlen

数字（すうじ） sūji

0	零（れい）	rei /zero
1	一	ichi
2	二	ni
3	三	san
4	四	shi/yon
5	五	go
6	六	roku
7	七	nana/shichi
8	八	hachi
9	九	kyū/ku
10	十	jū
11	十一	jū ichi
12	十二	jū ni
13	十三	jū san
14	十四	jū shi/ju yon
15	十五	jū go
16	十六	jū roku
17	十七	jū nana/ju shichi
18	十八	jū hachi
19	十九	jū kyū/ju ku
20	二十	nijū
21	二十一	nijū ichi
22	二十二	nijū ni
23	二十三	nijū san
24	二十四	niju shi/niju yon
25	二十五	nijū go
26	二十六	nijū roku
27	二十七	nijū nana/nijū shichi
28	二十八	nijū hachi

29	二十九	nijū kyū/nijū ku
30	三十	san jū
40	四十	shi jū/yon jū
50	五十	go jū
60	六十	roku jū
70	七十	nana jū/shichi jū
80	八十	hachi jū
90	九十	kyū jū
100	百	hyaku
101	百一	hyaku ichi
102	百二	hyaku ni
200	二百	ni hyaku
300	三百	san byaku
400	四百	yon hyaku
500	五百	go hyaku
600	六百	roppyaku
700	七百	nana hyaku
800	八百	happyaku
900	九百	kyū hyaku
1000	千	sen
10 000	一万	ichi man
100 000	十万	jū man
1 000 000	百万	hyaku man

1

いちばんめ

一番目

ichi banme

erste/r

2

に ばんめ

二番目

ni banme

zweite/r

3

さんばんめ

三番目

san banme

dritte/r

vierte/r	四番目	yon banme
fünfte/r	五番目	go banme
sechste/r	六番目	roku banme
siebte/r	七番目	nana banme
achte/r	八番目	hachi banme
neunte/r	九番目	kyū banme
zehnte/r	十番目	jū banme

Wann denn? 108

Rund um die Uhr 110

Die Wochentage 116

Die zwölf Monate des Jahres 118

Das Wetter und die Jahreszeiten 120

Die Körperteile 122

Wenn man sich krank fühlt 126

Notfälle 130

Was sagen uns die Schilder? 136

Gefühlsausbrüche 142

Komplimente 151

Romantisches 154

Land und Leute 158

Wann denn?

いつですか。 itsu desu ka

きのう
昨日
kinō

gestern

きのう よる さくばん
昨日の夜 / 昨晩
kinō no yoru/sakuban

gestern Abend / letzte Nacht

おととい
一昨日
ototoi

vorgestern

せんしゅう
先週
senshū

letzte Woche

さくねん きょねん
昨年 / 去年
sakunen/kyonen

letztes Jahr

きょう
今日
kyō

heute

あした / あす
明日
ashita/asu

morgen

あさって
明後日
asatte

übermorgen

らいしゅう
来週
raishū

nächste Woche

らいねん
来年
rainen

nächstes Jahr

Rund um die Uhr

じかん
時間について
jikan ni tsuite

じかん 時間 jikan	die Uhrzeit
とけい 時計 tokei	die Uhr
びょう 秒 byō	die Sekunde
ふん / ぷん 分 fun/pun	die Minute
ふん 15分 jūgo fun	das Viertel
ぷん　はん 30分 / 半 san juppun / han	die halbe Stunde
じ 時 ji	die Stunde

ごぜん 午前	しょうご 正午	ごご 午後	ゆうがた 夕方
gozen	shōgo	gogo	yūgata
der Morgen	der Mittag	der Nachmittag	der Abend

よる 夜	しんや 深夜
yoru	shinya
die Nacht	die Mitternacht

はや
早い
hayai
früh

おそ
遅い
osoi
spät

いま　なんじ
今何時ですか。

ima nanji desu ka

Wie spät ist es?

ごぜん　じ　ぷん
午前 7 時10分です。

gozen shichi ji juppun desu

Es ist zehn nach sieben.

ご ぜん じ
午前 1 時です。
gozen ichi ji desu
Es ist ein Uhr.

ごぜん じ ふん
午前 7 時15分です。
gozen shichi ji jū go fun desu
Es ist Viertel nach sieben.

ごぜん じ
午前 8 時です。
gozen hachi ji desu
Es ist acht Uhr.

ごぜん じ ぷん まえ
午前10時10分前です。
gozen jū ji juppun mae desu
Es ist zehn vor zehn.

ごぜん じ
午前10時です。
gozen jū ji desu
Es ist zehn Uhr.

ごぜん じ ぷん
午前10時10分です。
gozen jū ji juppun desu
Es ist zehn nach zehn.

ごぜん じ はん
午前10時半です。
gozen jū ji han desu
Es ist halb elf.

しょうご
正午です。
shōgo desu
Es ist Mittag.

ごご　じ　ふんまえ
午後８時５分前です。
gogo hachi ji go fun mae desu
Es ist fünf vor acht Uhr abends.

ごご　じ
午後10時です。
gogo jū ji desu
Es ist zehn Uhr abends.

よる　じ
夜の12時です。
yoruno jūni ji desu
Es ist Mitternacht.

Die Wochentage

ようび
曜日
yōbi

げつようび 月曜日 getsu yōbi	かようび 火曜日 ka yōbi	すいようび 水曜日 sui yōbi
Montag	Dienstag	Mittwoch

へいじつ
平日
heijitsu

der Werktag

しゅうまつ
週末
shūmatsu

das Wochenende

さいじつ
祭日
saijitsu

der Feiertag

きゅうじつ
休日
kyūjitsu

der Ruhetag

もくようび	きんようび	どようび	にちようび
木曜日	金曜日	土曜日	日曜日
moku yōbi	kin yōbi	do yōbi	nichi yōbi
Donnerstag	Freitag	Samstag	Sonntag

きょう　なんようび 今日は何曜日ですか。 kyō wa nan yōbi desu ka	Welchen Tag haben wir heute?
げつようび 月曜日です。 getsu yōbi desu	Heute ist Montag.
きょう　なんにち 今日は何日ですか。 kyō wa nan nichi desu ka	Welches Datum haben wir heute?
がつ　か 1月10日です。 ichi gatsu tōka desu	Es ist der 10. Januar.
きょう　やす 今日はお休みですか。 kyō wa oyasumi desu ka	Ist heute ein Feiertag?

1	2
いちがつ 一月	に　がつ 二月
ichi gatsu	ni gatsu
Januar	Februar
5	6
ご　がつ 五月	ろく がつ 六月
go gatsu	roku gatsu
Mai	Juni
9	10
く　がつ 九月	じゅう がつ 十月
ku gatsu	jū gatsu
September	Oktober

Die zwölf Monate des Jahres

12か月 (げつ) jūni kagetsu

3	4
さんがつ	しがつ
三月	四月
san gatsu	shi gatsu
März	April

7	8
しちがつ	はちがつ
七月	八月
shichi gatsu	hachi gatsu
Juli	August

11	12
じゅういちがつ	じゅうにがつ
十一月	十二月
jūichi gatsu	jūni gatsu
November	Dezember

Das Wetter und die Jahreszeiten

てんき　　きせつ
天気と季節 tenki to kisetsu

はる
春

haru

der Frühling

なつ
夏

natsu

der Sommer

あき
秋

aki

der Herbst

ふゆ
冬

fuyu

der Winter

きょう　てんき
今日の天気はどうですか。
kyō no tenki wa dōdesu ka

Wie ist das Wetter heute?

きょう　てんき　い
今日は天気が良いです。
kyō wa tenki ga ii desu

Das Wetter ist heute schön.

は
晴れです。
hare desu

Die Sonne scheint.

きょう　てんき　わる
今日は天気が悪いです。
kyō wa tenki ga warui desu

Das Wetter ist heute schlecht.

あつ
暑いです。
atsui desu

Es ist heiß.

あつ
とても暑いです。
totemo atsui desu

Es ist sehr heiß.

む　あつ
蒸し暑いです。
mushi atsui desu

Es ist schwül.

さむ
寒いです。
samui desu

Es ist kalt.

さむ
とても寒いです。
totemo samui desu

Es ist sehr kalt.

かぜ　つよ
風が強いです。
kaze ga tsuyoi desu

Es ist windig.

きり
霧です。
kiri desu

Es ist neblig.

あめ
雨です。
ame desu

Es regnet.

きりさめ
霧雨です。
kirisame desu

Es nieselt.

ゆき　ふ
雪が降っています。
yuki ga futte imasu

Es schneit.

額 / おでこ hitai/odeko
die Stirn

目 me
das Auge

鼻 hana
die Nase

口 kuchi
der Mund

歯 ha
die Zähne

舌 shita
die Zunge

顎 ago
das Kinn

ゆび
指
yubi
die Finger

て
手 te
die Hand

こし
腰
koshi
die Taille

しり
お尻
oshiri
die Hüfte

Die Körperteile

からだ ぶ い
体の部位 karada no bui

あたま
頭
atama
der Kopf
かお
顔
kao
das Gesicht
みみ
耳
mimi
das Ohr
ほほ
頬 / ほっぺた
hoho / hoppeta
die Wange
くび
首
kubi
der Hals

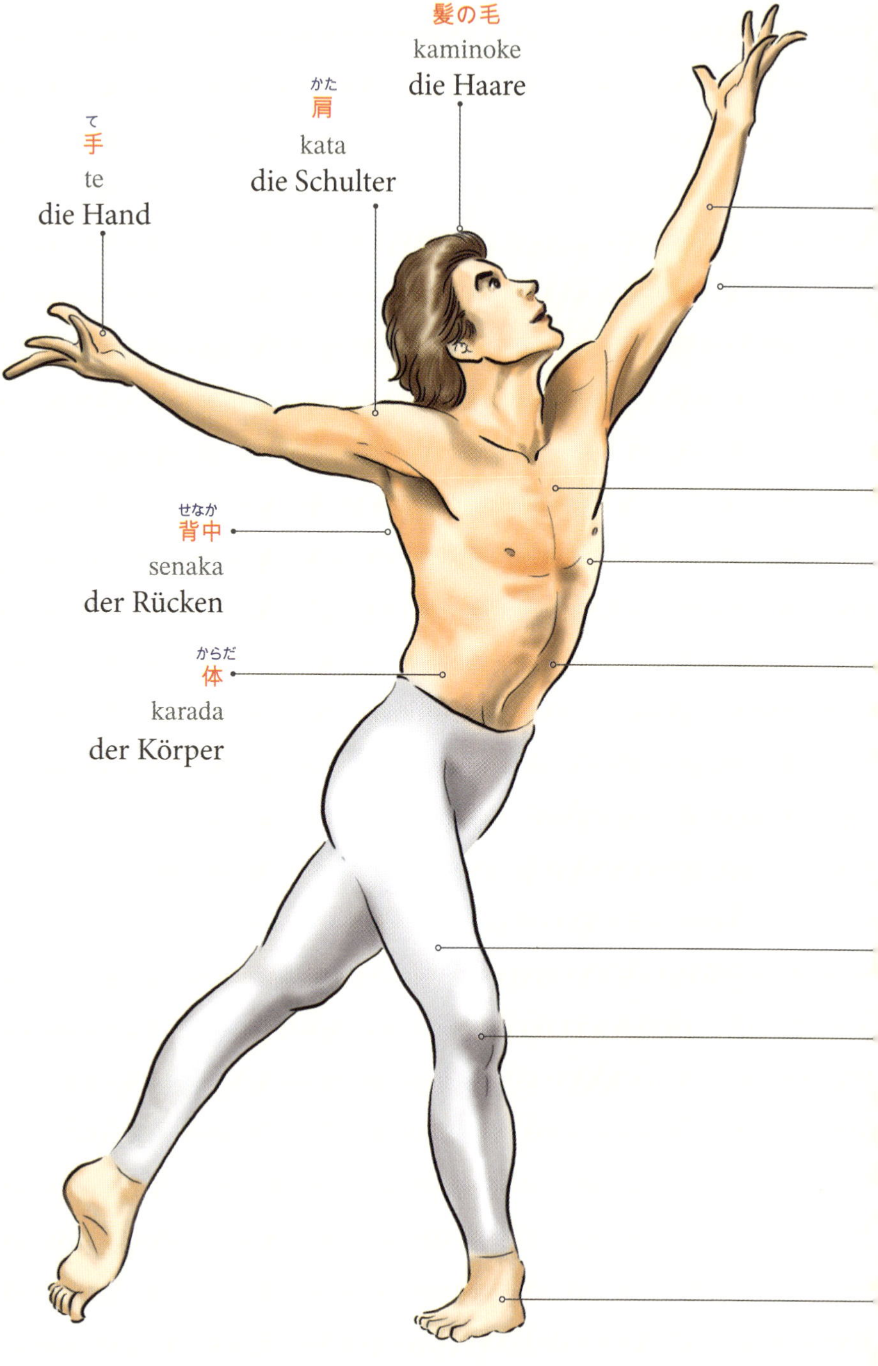
かみ　け
髪の毛
kaminoke
die Haare
かた
肩
kata
die Schulter
て
手
te
die Hand
せなか
背中
senaka
der Rücken
からだ
体
karada
der Körper

うで
腕
ude
der Arm

ひじ
肘
hiji
der Ellbogen

むね
胸
mune
die Brust

しんぞう
心臓
shinzō
das Herz

なか
お腹
onaka
der Bauch

あし
脚
ashi
das Bein

ひざ
膝
hiza
das Knie

あし
足
ashi
der Fuß

Tätigkeiten des Alltags

日(ひ)々(び)の生活(せいかつ) hibi no seikatsu

目(め)が覚(さ)める
me ga sameru
aufwachen

起(お)きる
okiru
aufstehen

歯(は)を磨(みが)く
ha o migaku
sich die Zähne putzen

シャワーを浴(あ)びる
shawā o abiru
duschen

お風呂(ふろ)に入(はい)る
ofuro ni hairu
ein Bad nehmen

りょうり
料理をする
ryōri o suru
kochen

た
食べる
taberu
essen

の
飲む
nomu
trinken

か
書く
kaku
schreiben

よ
読む
yomu
lesen

み
見つめる
mitsumeru
anschauen

ま
待つ
matsu
warten

あ
会う
au
treffen

あげる
ageru
geben

まんぞく
満足する
manzoku suru
zufrieden

おど
踊る
odoru
tanzen

わら
笑う
warau
lachen

な
泣く
naku
weinen

さ
去る
saru
gehen

電話(でんわ)する
denwa suru
telefonieren

スポーツをする
supōtsu o suru
Sport treiben

絵(え)を描(か)く
e o kaku
malen

観察(かんさつ)する
kansatsu suru
beobachten

うた
歌う
utau
singen

しゃしん と
写真を撮る
shashin o toru
fotografieren

たの
楽しむ
tanoshimu
sich amüsieren

う
売る
uru
verkaufen

か
買う
kau
kaufen

はたら
働く
hataraku
arbeiten

なら
習う
narau
lernen

おし
教える
oshieru
lehren

だ
抱きしめる
Dakishimeru
umarmen

あい
愛する
aisuru
lieben

キスする
kisu suru
küssen

けっこん
結婚する
kekkon suru
heiraten

Wenn man sich krank fühlt

気分(きぶん)が悪(わる)くなったとき kibun ga waruku natta toki

気分(きぶん)が悪(わる)いです。 kibun ga warui desu	Ich bin krank.
吐(は)き気(け)がします。 hakike ga shimasu	Ich muss mich übergeben.
むかむかします。 mukamuka shimasu	Mir ist übel.
ここが痛(いた)いです。 koko ga itai desu	Hier tut es weh.
熱(ねつ)があります。 netsu ga arimasu	Ich habe Fieber.
頭痛(ずつう)がします。 zutsū ga shimasu	Ich habe Kopfschmerzen.
胃(い)が痛(いた)いです。 i ga itai desu	Ich habe Bauchschmerzen.

のど いた 喉が痛いです。 nodo ga itai desu	Ich habe Halsschmerzen.
ようつう 腰痛があります。 yōtsū ga arimasu	Ich habe Rückenschmerzen.
は いた 歯が痛いです。 ha ga itai desu	Ich habe Zahnschmerzen.
べんぴ 便秘です。 benpi desu	Ich habe Verstopfung.
げ り 下痢です。 geri desu	Ich habe Durchfall.
アレルギーがあります。 arerugī ga arimasu	Ich habe eine Allergie.
ほっしん 発疹がでました 。 hosshin ga demasita	Ich habe Ausschlag.

やっきょく
薬局
yakkyoku
die Apotheke

びょういん
病院 byōin
das Krankenhaus

くすり
薬 kusuri
die Medizin

いしゃ
医者 isha
der Arzt / die Ärztin

はいしゃ
歯医者 haisha
der Zahnarzt / die Zahnärztin

めいしゃ
眼医者 meisha
der Augenarzt / die Augenärztin

かんごし
看護師 kangoshi
die Krankenschwester / der Krankenpfleger

きゅうきゅうしゃ
救急車 kyūkyūsha
der Krankenwagen

だいじ
お大事に！
odaijini

Gesundheit!

Notfälle

きんきゅうじたい
緊急事態 kinkyū jitai

トイレはどこですか。

toire wa doko desu ka

Wo ist die Toilette?

わたし　い
私はトイレに行きたいです。

watashi wa toire ni ikitai desu

Ich muss zur Toilette gehen.

この近く(ちか)にトイレはありますか。

kono chikaku ni toire wa arimasu ka

Gibt es hier eine öffentliche Toilette?

わたし　びょういん　い
私は病院へ行きたいです。
watashi wa byōin e ikitai desu

Ich muss sofort ins Krankenhaus.

警察(けいさつ)を呼(よ)んでください!

keisatsu o yonde kudasai

Rufen Sie bitte die Polizei!

助(たす)けて!

tasukete

Hilfe!

Was sagen uns die Schilder?

ひょうしき　いみ
これらの 標識の意味は？

korera no hyōshiki no imi wa

と
止まれ

tomare

STOPP

しゃりょうしんにゅうきんし
車両進入禁止

sharyō shinnyū kinshi

KEIN DURCHGANG

ほこうしゃつうこうど
歩行者通行止め

hokōsha tsūkōdome

KEINE FUßGÄNGER

じょこう
徐行

jokō

LANGSAM

どそくげんきん
土足厳禁

dosoku genkin

KEINE SCHUHE ERLAUBT

コインロッカー

koin rokkā

SCHLIEßFACH

いっぽうつうこう
一方通行
ippō tsukō

EINBAHNSTRAßE

ちゅうしゃじょう
駐車場
chūshajō

PARKPLATZ

ちゅうていしゃきんし
駐停車禁止
chūteisha kinshi

ABSOLUTES HALTEVERBOT

ちゅうしゃきんし
駐車禁止
chūsha kinshi

EINGESCHRÄNKTES HALTEVERBOT

おうだんほどう
横断歩道
ōdan hodō

FUßGÄNGERÜBERWEG

ほこうしゃ せんよう どうろ
歩行者専用道路
hokōsha senyō dōro

FUßGÄNGERZONE

つうがくろ
通学路
tsūgakuro

ACHTUNG SCHULE

ひなんばしょ
避難場所
hinan basho

SAMMELSTELLE

の　ば
タクシー乗り場
takushī noriba

TAXISTAND

の　ば
バス乗り場
basu noriba

BUSHALTESTELLE

でんしゃの　ば
電車乗り場
densha noriba

BAHNHOF

エスカレーター
esukarētā

ROLLTREPPE

トイレ
toire

TOILETTEN

おんすいせんじょうべんざ
温水洗浄便座
onsui senjō benza

BIDET

ようふうべんき
洋風便器
yōfū benki

TOILETTE
„EUROPÄISCHER STIL“

わふうべんき
和風便器
wafū benki

TOILETTE
„JAPANISCHER STIL“

つなみ ひなん ばしょ
津波避難場所
tsunami hinan basho

SAMMELSTELLE
IM FALL EINES TSUNAMI

おんせん
温泉
onsen

HEIßE QUELLE

Gefühlsausbrüche

Was kommt denn jetzt? Ein Thema über Gefühlsausbrüche? So seltsam der Titel klingen mag, es handelt sich dabei um ein ganz besonderes Kapitel, das du vermutlich in kaum einem anderen Sprachbuch finden wirst. Und schon gar nicht in einem, das sich mit dem Erstkontakt einer fremden Sprache beschäftigt. Auch wenn du dir bis jetzt noch nichts darunter vorstellen kannst, kann ich dir schon einmal verraten, dass das Thema ein bisschen heikel werden wird. Ich stehe damit vor einer regelrechten Gratwanderung.

Du willst dich bei deinem ersten Besuch in Japan doch ganz sicher nicht blamieren, oder? Damit das nicht so schnell passiert, gibt es dieses Kapitel, das dir hilft Fettnäpfchen zu vermeiden. Aber erst einmal will ich dir erklären, was ich unter dem Begriff „Gefühlsausbrüche" verstehe und was das Kapitel in diesem Buch verloren hat:

Gefühlsausbrüche gibt es nicht nur bei den Japanern, sondern in jedem anderen Land der Welt. Jedes Kind wird von klein auf damit vertraut gemacht und verinnerlicht diese Form der Kommunikation. Aber... aber... es ist nicht leicht, damit umzugehen.

Gefühlsausbrüche sind Wörter, die automatisch aus dem Mund rutschen ohne, dass man darüber nachgedacht hat. Schwupps, sind sie da und rückgängig machen kann man sie nicht.

Gefühlsausbrüche haben die Aufgabe, eine aufgebrachte Seele wieder zur Ruhe zu bringen, wenn sie zuvor durch Zorn, Enttäuschung, Erschrecken, Verwunderung, Entzückung oder Ähnliches in Wallung geraten ist. Man könnte sie auch als seelische Turbulenzenberuhiger bezeichnen.

Gefühlsausbrüche gibt es in unterschiedlichen Graden und Stärken. Diese Grade sind stark abhängig von der jeweiligen Bedeutung, Betonung oder Situation, in denen sie ausgesprochen werden. Leichte Gefühlsausbrüche kann man im Selbstgespräch einfach vor sich hin murmeln, zur leichten Abkühlung der Seele. Starke Gefühlsausbrüche sind oft schlimme, tiefe verletzende Beschimpfungen für andere Mitmenschen.

Jetzt kannst du vielleicht ahnen, weshalb das Thema so schwierig, ja fast schon vulgär sein kann. Hörst du als Ausländer den Japanern beim Sprechen zu, werden deine Ohren sehr, sehr oft auf Schimpfwörter stoßen. Vermutlich fällt den Japanern selber der häufige Gebrauch beim Sprechen gar nicht auf.

Aber Schimpfwörter sind nicht spezifisch für das Japanische. Schimpfwörter gibt es in jeder Sprache und in jeder Sprache werden sie ähnlich unbewusst und häufig im Alltag eingesetzt.

Die Japaner sind strengstens auf die Aufrechthaltung einer äußeren Form bedacht. Obwohl sie Peinlichkeiten vermeiden wollen, ändert das nichts daran, dass es die Gefühlsausbruchwörter auch in ihrer Sprache gibt.

Allen Menschen mit japanischer Muttersprache möchte ich an dieser Stelle versichern, dass ich mit dem Thema keinerlei böse Absicht verfolge. Meine Intention ist nicht, die japanische Sprache zu beschmutzen, sondern Neulingen in der japanischen Sprache eine gezielte Hilfe in einer schwierigen Situation anzubieten.

Hörst du als Anfänger Wörter, die ich im Folgenden als Gefühlsausbruchwörter näher erkläre, könnte es passieren, dass du diese aus Anpassungshöflichkeit im fremden Land nachsprichst.

Aber Vorsicht! Wenn du nicht den exakten Grad der Betonung findest, sie nicht in genau dem richtigen Augenblick einsetzt oder der Einsatz nicht der entsprechenden Beziehung zu deinem Gegenüber passt, könnte es sehr, sehr peinlich werden.

Also: Verschließe nicht deine Ohren, wenn du sie vernimmst, aber plappere sie auch nicht einfach nach. Kenne sie als Fremder gut, aber nutze sie ganz behutsam und nur dann, wenn du dir in der Anwendung hundert Prozent sicher bist!

Ein behutsamer Umgang mit Gefühlsausbrüchen wird dich vor einigen Peinlichkeiten bewahren. Zum Glück gibt es dieses Sprachbuch für dich!
Fangen wir also an:

Das erste Wort, mit dem wir uns beschäftigen, heißt: くそ „kuso".
Übersetzen wir dieses Wort ins Deutsche, dann würde es etwa „Verdammt!" heissen. Steht man zum Beispiel mit akuter Notdurft vor einer verschlossenen Toilettentüre, dann drückt „kuso" aus, das man von dieser verfänglichen Situation nicht begeistert ist und man spürt den Druck nicht nur in der Gedankenwelt, sondern ebenso im Bauch mit einer nach unten drängendern Wirkung.

Das folgende Wort, das ebenso spontanen Ärger ausdrücken möchte, lautet 最悪（さいあく） „saiaku". Auf Deutsch hieße dieses Wort: „Verflixt noch einmal!" oder „Scheiße!"

Jetzt folgen drei japanische Gefühlsausbruchwörter, die alle ungefähr die gleiche Bedeutung haben und sich nur minimal voneinander unterscheiden:

バカ „baka"、アホ „aho" 、ボケ „boke"

Alle drei werden in ähnlichen Situationen zum Einsatz gebracht. Übersetzt würde es: „Dummer", „Trampel" oder „Depp" bedeuten.

Wesentlich schärfer ist dann schon die Wirkung der sich ähnelnden Gefühlsausbruchwörter: うるせー „uruse“ oder だまれ „damare“, die beide nur noch wenig Platz für zwischenmenschlichen Charme übrig lassen. Bei beiden handelt es sich um eine überaus unhöfliche Form jemandem zu verdeutlichen, dass er oder sie jetzt besser schweigen solle. Übersetzt würde das etwa: „Halt´s Maul!“ oder „Halt die Klappe!“ bedeuten.

Die beiden Wörter くそったれ „kuso ttare“ und ばかやろう „bakayaro“ sind beide direkte Beschimpfungen des Gegenübers. Der jeweiligen Situation und der Betonung entsprechend, kann es ein kesser Schalk unter Freunden oder eine hitzige Beschimpfung eines Fremden sein.

Auch die beiden Wörter 死ね „shine" und くたばれ „kutabare" zielen in eine ähnliche Richtung. Beide sind sehr scharfe Geschütze und wünschen das Gegenüber geradewegs in die Hölle.

So, lieber Leser, liebe Leserin, es ist mir nicht leicht gefallen, dir dieses sensible und heikle Thema darzulegen. Aber mir ist es ein Anliegen, dir größtmögliche Sicherheit beim ersten Kontakt mit der japanischen Sprache zu schenken.

Dazu gehören nun einmal auch die Ausführungen über die Gefühlsausbruchwörter. Man könnte das Thema sicherlich noch weiter ausbreiten. Aber es reicht, wenn du eine klare Vorstellung davon hast, um einen möglichen Schritt in ein Fettnäpfchen zu vermeiden. Bedenke immer, dass die Gefühlsausbruchwörter unterschiedliche Stärken haben und Vielfältiges ausdrücken können. Sie werden von allen Gesellschaftsschichten verwendet. Du findest sie gleichermaßen in unterschiedlichen Gesellschaftsschichten.

Kommst du mit diesen Ausdrücken in Kontakt, versuche feinfühlig zu erspüren, ob der Sprecher ärgerlich, unzufrieden, wütend oder ob er fröhlich und verschmitzt wirkt. Und dann vermeide das eigene Aussprechen dieser dir jetzt bekannten Wörter tunlichst.

Es könnte nicht nur hochpeinlich für dich werden oder gar deine Gesundheit gefährden, sondern du könntest einem Mitmenschen bei nicht ganz sachgerechter Anwendung sehr, sehr wehtun.

みごと
ブラボー! / お見事!
burabō / omigoto
Bravo!

すごい!
sugoi
Genial!

さいこう
最高!
saikō
Super!

かんぺき
完璧!
kanpeki
Perfekt!

Komplimente

褒め言葉（ほめことば） homekotoba

素晴らしい!（すばらしい）

subarashii

Wunderbar!

素敵!（すてき）

suteki

Herrlich!

Romantisches

ロマンチック romanchikku

とてもハンサムですね。
totemo hansamu desune
Du bist so hübsch.

美(うつく)しい目(め)をしていますね
utsukushī me o shiteimasune
Du hast schöne Augen.

個性的(こせいてき)ですね
koseiteki desune
Du bist außergewöhnlich.

とても好(す)きです。
totemo suki desu
Ich mag dich sehr.

愛(あい)しています。
aishiteimasu
Ich liebe dich.

とても愛(あい)しています。
totemo aishiteimasu
Ich liebe dich sehr.

とても美しい（うつく）です。

totemo utsukusii desu

Du bist so schön!

素晴（すば）らしいです。

subarashii desu

Du bist wundervoll.

あい
愛しています。

aishiteimasu

Ich liebe dich.

結婚(けっこん)してくれますか。

kekkon shitekuremasu ka

Willst du mich heiraten?

みりょくてき
魅力的です。

miryokuteki desu

Du bist bezaubernd.

Land und Leute

地域(ちいき)と人々(ひとびと)

chīki to hitobito

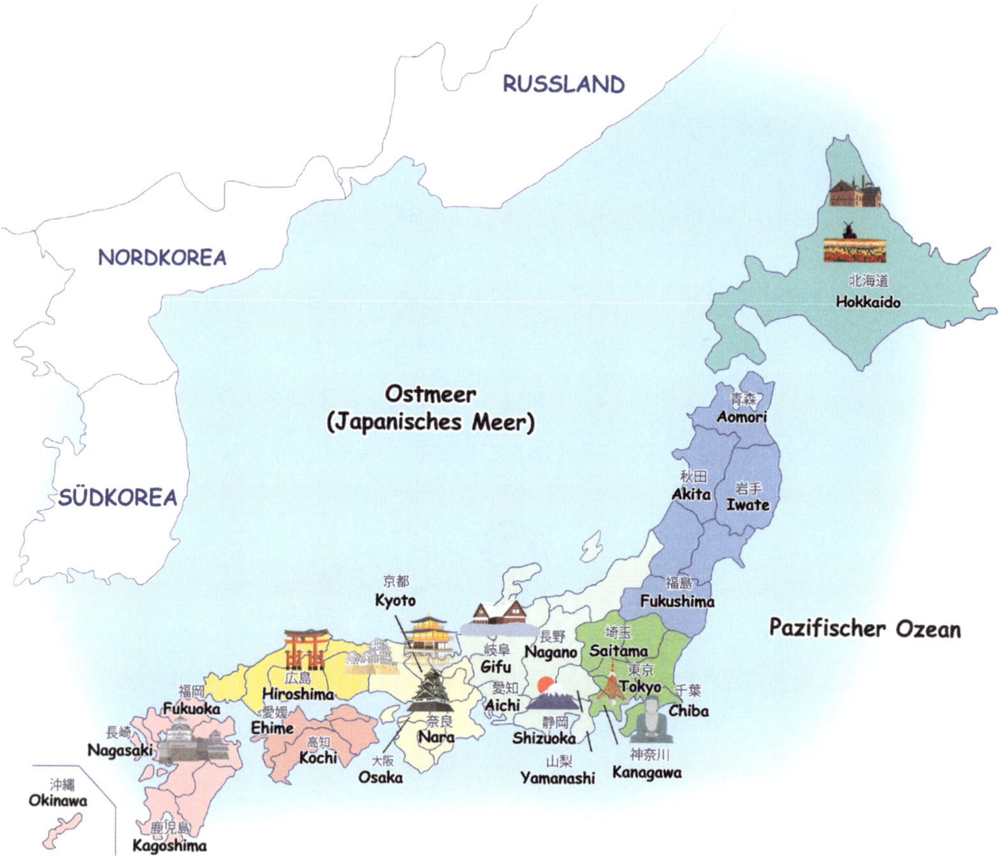

Wenn du etwas über die Gestalt und Form des Landes Japan erfahren möchtest, ist der einfachste Weg, dir die Landkarte anzusehen. Willst du etwas Näheres von den Leuten erfahren, wie sie denken, wie sie ihr Leben angehen, dann ist der direkteste Weg, einige Sprichwörter des Landes kennenzulernen. Sie verraten, wie die Menschen des Landes „ticken“.

Sprichwörter sagen viel über Menschen aus. Sie sind meist über Jahrhunderte als Resultat von Erfahrungen, von Denk- und Lebensweisen der Menschen vor Ort entstanden. Über die Sprache wurden sie von Alt zu Jung weitervermittelt und mit ihnen auch das Gefühl und die Stimmung, die sie tragen. Hier sind ein paar wertvolle japanische Sprichwörter:

ななころ　や お
七転び八起き。
nana korobi ya oki
Sieben mal hinfallen, acht mal aufstehen.

おも　た　きちじつ
思い立ったが吉日。
omoitattaga kichijitsu
Der Tag deiner Entscheidung, ist dein Glückstag.

しっぱい　せいこう
失敗は成功のもと。
shippaiwa seikonomoto
Wir lernen mehr aus Niederlagen als aus Siegen.

けいぞく　ちから
継続は力なり。
keizokuwa chikara nari
Durchhaltevermögen zahlt sich aus.

わら　かど　ふくきた
笑う門には福来る。
warau kadoniwa fuku kitaru
Glück kommt zu den Glücklichen.

Jetzt bist du bestens gewappnet für deinen ersten Kontakt mit der japanischen Sprache. Es bleibt mir nur noch, dir viel Freude und wunderbare Erfahrungen dabei zu wünschen.

Genieße die japanische Sprache wie eine Köstlichkeit, die du dir auf der Zunge zergehen lässt. Dann wird das, was dir vielleicht am Anfang Angst gemacht hat, sich in pure Freude verwandeln.

PONS JAPANISCH
im Handumdrehen

von
Tien Tammada

Originaltitel: ญี่ปุ่นทันใจพูดได้ด้วยปลายนิ้ว เฑียร ธรรมดา
© Leelaaphasa.Co.,Ltd.
63/120 Moo 8, Tambon Saothonghin, Bangyai District,
Nonthaburi 11140 Thailand
E-Mail: leelaaphasa2008@gmail.com
Alle Rechte vorbehalten.

Warenzeichen, Marken und gewerbliche Schutzrechte
Wörter, die unseres Wissens eingetragene Warenzeichen oder Marken oder sonstige gewerbliche Schutzrechte darstellen, sind als solche – soweit bekannt – gekennzeichnet. Die jeweiligen Berechtigungen sind und bleiben Eigentümer dieser Rechte. Es ist jedoch zu beachten, dass weder das Vorhandensein noch das Fehlen derartiger Kennzeichnungen die Rechtslage hinsichtlich dieser gewerblichen Schutzrechte berührt.

1. Auflage 2020 (1,01 - 2020)
© PONS GmbH, Stöckachstraße 11, 70190 Stuttgart, 2020

www.pons.de
E-Mail: kundenservice@pons.de

Übersetzung: Ta Tammadien, Mari Okamoto
Co-Übersetzung & deutsche Überarbeitung: Hubert Möller
Korrektur: Yoko Baba, K. Patanant
Illustrationen Cover: K. Kiattisak
Illustrationen Innenteil: K. Kiattisak, Purmpoon Khamnuanta
Bildnachweis Cover: Kyoto: Shutterstock, Canicula; Flagge Japan: Shutterstock, chekart; Kirschblütenzweig: Shutterstock, Alexander_P
Satz/Layout: Wachana Leuwattananon, Vipoo Lerttasanawanish
Einbandgestaltung: Mariela Schwerdt, Design & Feinschliff Studio
Logoentwurf: Erwin Poell, Heidelberg
Logoüberarbeitung: Sabine Redlin, Ludwigsburg
Druck und Bindung: Publikum d.o.o.

ISBN 978-3-12-516261-7